www.ingramcontent.com/pod-product-compliance
Lightning Source LLC
Chambersburg PA
CBHW070636050426
42450CB00011B/3216

התעוררותה
של האמהות
האוניברסלית

סרי מאטה אמריטננדמאי דוי

התעוררותה של האמהות האוניברסלית

נאום שניתן על ידי

סרי מאטה אמריטננדמאי דוי

כנס היוזמה לשלום עולמי של
נשים מנהיגות רוח ודת

ארמון האומות, ג'נבה

7 לאוקטובר 2002

Mata Amritanandamayi Center, San Ramon
California, United States

התעוררותה של האמהות האוניברסלית

נאום שניתן על ידי סרי מאטה אמריטננדמאי דוי

Published by

Mata Amritanandamayi Center
P.O. Box 613, San Ramon, CA 94583
United States

——— *The Awakening of Universal Motherhood (Hebrew)* ——

First Edition MA Center: April 2016

Website in Israel: www.amma.org.il
Email address: info@amma.org.il
Facebook: www.facebook.com/Amma.org.il

In India:

www.amritapuri.org
www.embracingthe world.org
inform@amritapuri.org

תוכן

תפילה

ॐ

असतो मा सद्गमय

तमसो मा ज्योतिर्गमय

मृत्योर्मा अमृतं गमय

ॐ शान्तिः शान्तिः शान्तिः

Om asato ma sadgamaya
Tamaso ma jyotirgamaya
Mrtyorma amrtam gamaya
Om santih santih santih

הובל אותנו מאי אמת לאמת,
מחשכה לאור,
ממוות לחיי נצח.
אום, שלום, שלום, שלום.

עם אור השלום

הקדמה

כוחה של האמהות

סוואמי אמריטאסוואראפננדה פורי

כאשר אומות העולם, שהיו המומות משפיכות הדמים והס־כסוכים שנוצרו בעקבות מלחמת העולם הראשונה, שילבו ידיים, קם מקדש לשלום - חבר הלאומים. המטה שלו היה בג'נבה, שוויץ. בזמן שהאומות התחרו כדי להראות מי החזקה ביותר, חבר הלאומים היה כמנורה המאירה לעם ולמעמדות השולטים את הדרך לשלום - זו הייתה תכליתו. למרות שמלחמת העולם השנייה הביאה לסופו של חבר הלאומים, אומות העולם התאחדו שוב, והאיחוד הזה הוביל להיווצרות האומות המאוחדות.

מה-6 עד ל-9 באוקטובר, 2002, הייתה שוב האספות של אומות בג'נבה: מפגש של נשים, מנהיגות רוח ודת, מכל רחבי העולם ומכל הדתות, שאורגן על ידי היוזמה לשלום עולמי של נשים מנהיגות רוח ודת. כנס זה היווה יוזמה של פסגת המילניום לשלום עולמי, שנערך שנתיים קודם לכן בבניין האו"ם בניו-יורק. נציגים של כ-125 אומות השתתפו ביוזמה בג'נבה. ב-6 באוקטובר היו שתי פגישות עיקריות: הראשונה התקיימה במלון Beau-Rivage, בלב העיר ג'נבה. הנשים התאספו כקהילה אחת המתעלה מעבר לגבולות של דת, תרבות, גזע ושפה. מאוחדות בכמיהתן

הכנה לשלום עולמי, הן התפללו וערכו מדיטציה משותפת - צעד ראשון בדרך לשלום.

בשעה שלוש לערך, אמה הגיעה ללובי המלון Beau-Rivage. גברת דנה מריאם, רכזת היוזמה לשלום עולמי, והמזכיר הכללי של פסגת המילניום לשלום עולמי, מר באווה ג'אין, קיבלו את פני אמה באולם הכניסה. הם ליוו את אמה למפגש עם מכובדי קבוצת רודר פין, ועם חברה אמריקנית ליצירת סרטים תיעודיים בשם 'קול אחד בין־לאומי', שמיד ביקשו לראיין את אמה.

"אם ישנה דרך לשלום עולמי, מהי?" שאלו מקבוצת רודר פין.

אמה חייכה ואמרה: "זה פשוט מאוד. קודם, על השינוי להתרחש בפנים. אז העולם ישתנה באופן אוטומטי והשלום ינצח."

שאלה: "איזה סוג של שינוי?"

אמה: "שינויים שנוצרים כתוצאה מהפנמת העקרונות הרוחניים".

חברת 'קול אחד בינלאומי' שאלה אז את אמה: "מה אפשר לעשות על מנת לשנות את מנטליות הגברים והחברה שתו־פסות נשים כנחותות?"

אמה: "על האישה להתמיד בצורה איתנה באמהות, שהיא חלק ממהותה", תשובתה של אמה הייתה כה טבעית עבורה.

שאלה: "האם אמה אומרת שנשים לא צריכות לקחת חלק בתחומים אחרים של החברה?"

אמה: "לא, אמה אומרת שעל אישה להיכנס לכל תחומי החברה. אך, לא משנה מה היא עושה, עליה להיות בעלת

אמונה איתנה בכוחה של האמהות. פעולות החסרות זאת, בכל תחום, לא יעזרו לנשים להתקדם, אלא יחלישו אותן."
אמה, בשלב זה, רמזה על הנאום אותו היא תיתן למחרת בארמון האומות, בו היא תסביר ש "אמהות" היא איכות שגברים ונשים כאחד יכולים, ואף צריכים, לפתח:
אהבה של האמהות המתעוררת היא אהבה וחמלה המורגשת לא רק כלפי הילדים של אותו אדם, אלא כלפי כל האנשים, חיות וצמחים, אבנים ונהרות – אהבה המתפרסת לטבע כולו, הברואים כולם. אכן, עבור אישה שהתעוררה בה אמהות אמיתית, כל היצורים הברואים הם ילדיה. אהבה זו, אמהות זו, היא אהבה נשגבה - וזהו אלוהים.
הריאיון המשיך:
שאלה: "מהי דעתה של אמה על גישתם של גברים באופן כללי?"
אמה: "גברים הם גם ילדיה של אמה. אבל, אפילו כיום, קשה להם להפנים את הכבוד וההכרה שהם מראים מבחוץ לרעייה, אימא או אחות. באופן כללי, הם מאמינים יותר בכוח השריר!"
יוזמה זו לשלום התקיימה פחות משנה אחרי אסון הטרור הנוראי של 11 בספטמבר. כך שהיה זה הולם שהאירוע הבא אותו אחה"צ התקשר לאותם זמנים נוראים. גברת דברה אולסן מארגון 'קול אחד בינלאומי' הציגה אישה כבאית לאמה ואמרה: "זוהי ג'ניפר, היא הגיעה מניו יורק. היא הייתה נוכחת במרכז הסחר העולמי ביום של פיגוע הטרור ועזרה לכבות את השריפה. היא עדיין לא התאוששה לגמרי מהזעזוע של אותו אסון. על אמה לברך אותה."

ייתכן שאמה חשבה על מצוקתם של אלפי האנשים חסרי
הישע והחפים מפשע שמתו באותו יום, מכיוון שפניה ועיניה
במפורש שיקפו צער. כאשר אמה חיבקה באהבה את ג'ניפר
וניגבה את דמעותיה, דמעות זלגו גם מעיניה. דמעות מילאו
גם את עיניהם של רבים מאלו שנכחו במאורע מרגש זה.
ג'ניפר הביאה איתה משהו מוזר מהאתר של מרכז הסחר
העולמי, הנקרא היום "גראונד זירו". זה נראה כחתיכת
בטון ומפתח שנמס בתופת של האש ההרסנית. כשהראתה
אותם לאמה, היא אמרה: "אני לא בטוחה למה הבאתי
אותם, אך הייתי זקוקה להביא את הכאב איתי וקיוויתי
להחזיר אותם הביתה בהרגשה אחרת. באתי לכאן עם כל
כך הרבה כעס, בתקווה לקבל קצת שלווה בליבי." באומרה
זאת, היא הציעה מזכרת נוראה זו לאמה. אמה קיבלה אותם
בכבוד, הביאה אותם אל פניה ונישקה אותם. גב' דברה
אילסון שאלה אז את אמה, "לג'ניפר אין אמונה באלוהים
או בדת. אך יש בה אהבה וחמלה כלפי הסובלים. האם יש
איזשהו צורך בשבילה להתפלל לאיזשהו אל?" אמה ענתה:
"אלוהים הוא אהבה וחמלה כלפי הסובלים. אם למישהו יש
לב שכזה, אין כל צורך להתפלל לאלוהים".
שאלות רבות עוד נשאלו, ואמה ענתה תשובות יפות
בפשטותן.
כאשר תם הריאיון עם ג'ניפר, השחקנית המפורסמת
מהוליווד, לינדה אוונס, באה לפגוש את אמה. היא הייתה
מלאת שמחה לראות את אמה. "שמעתי עלייך כל כך הרבה,
ורק עכשיו מתאפשר לי לפגוש אותך.איזו ברכה!" אמרה

גברת אוונס. היא המשיכה לבהות באמה זמן מה, ואז שאלה, "מהי מטרתה של אמהות אלוהית?"

אמה: "זוהי גישה של התודעה, התרחבות".

מרת אוונס: "איך אנו משיגים זאת?"

אמה: "אין זה דבר נפרד מאתנו, ואין זה דבר שניתן להשיגו מבחוץ. עוצמה זו היא בפנים. כאשר מבינים זאת, האמהות האוניברסלית מתעוררת בך באופן ספונטני."

בנקודה זו, אמה לוותה לחדר אחר על מנת להיפגש עם מי שבשנה הקודמת קיבלה את הפרס על שם גנדי-קינג, האישה שתעניק את הפרס לאמה למחרת בבוקר: חוקרת הפרימטים המפורסמת ד"ר ג'יין גודול. הדהוד עמוק ומיידי נוצר בין שתיהן. נדמה היה שד"ר גודול, למרות החיבוקים הרבים שקיבלה מאמה, לא ידעה שובע. היא אמרה: "את כל כך מתוקה, מעבר למילים". לאחר הפסיקה, והוסיפה - "וגם מעבר לכל השוואה".

ד"ר גודול, שבילתה 20 שנה בג'ונגל האפריקני יחד עם חיות, ובעיקר עם שימפנזות, על מנת לחקור ולהבין את מוחם, שאלה אז את אמה: "מהי דעתך על היכולת של חיות להבין את ליבם של בני אדם ובכך להגיב אליהם?"

אמה: "כמובן שחיות יכולות להבין את הלב האנושי ולנהוג בהתאם, אולי אפילו יותר טוב מבני אנוש עצמם. אמה חוותה זאת בעצמה". אמה אז שיתפה את ד"ר גודול בחוויותיה במהלך השנים בהן חיה בטבע עם החיות. אמה דיברה על הכלב שהביא לה חבילות אוכל, על הנשר ששמט דג נא בחיקה, על הפרה שהגיחה מהרפת ועמדה מולה בצורה שאפשרה לאמה לשתות ישירות מעטיניה, על התוכי

שהזיל דמעות כאשר שרה בהאג'אנים (שירי הלל) ועל היונים שרקדו לפני אמה כאשר שרה. לאחר שיחתה עם ג'יין גודול, אמה פגשה וחיבקה את שאר האנשים בחדר: באווה ג'יין, דנה מריאם, הנסיכה הקמבודית רטנה דוי נורדם והיושב ראש המשותף של היוזמה לשלום - הכומר גואן קמפבל. לאחר מכן הגיע הזמן להצטרף לתפילות שהת־קיימו באולם הנשפים של המלון. אמה הובילה את התפילה לשלום עולמי, זימרה שלוש פעמים "Lokah samastah sukhino bhavantu" - מי ייתן וכל היצורים בכל העו־למות יהיו מאושרים. כולם חזרו על המנטרה אחרי אמה. לפני ששככו נחשולי התפילה לשלום, אמה החלה להנחות את מדיטציית ה"Ma-Om/ מה-אום" שנמשכה 10 דקות, תוך שהיא מדריכה ומלווה את הנציגים. עד שסיימה אמה את התפילה עם הנירוונהשטקם *Nirvanashtakam* של סרי שאנקראצ'ריה, נציגים רבים מאומות שונות יכלו לחוש ברכה של שלום הפועמת בתוכם.

האירוע המרכזי השני של היום היה התכנסות של כל משתתפי הכנס ב"פארק גן האגם האנגלי". עם הגעתה, אמה הוצגה ועלתה לבימה. במסר שלה לשלום, אמרה אמה: "מה שכולם זקוקים לו הוא שלום. אך הרוב רוצה להיות מלך. אף אחד לא רוצה להיות משרת. איך יכול להיות שלום אם כך? האם לא יהיו רק מלחמה ועימות? משרת אמיתי הוא המלך האמיתי. אין החלב של הפרה השחורה, הפרה הלבנה והפרה החומה תמיד לבן? בדומה לכך, המהות שבכל אדם היא זהה. שלום וסיפוק הם זהים עבור כולם. על אלו שחפצים בהם לעבוד יחד". כשאמה ומספר נציגים אחרים

של יוזמת השלום סיימו את דבריהם, כל הנציגים דקלמו
ביחד, "אנו לא רוצים מלחמה כלל, אנו לא רוצים פשע, אנו
רוצים רק שלום". כאות לאור השלום שמסיר את החושך
של מלחמה ועימות, הנציגים הדליקו נרות והחזיקו אותם
למעלה. הדוברים, המשתתפים וחברים מהקהל, התקבצו
אז על הדשא ויצרו מערך אותיות של המילה "ש-ל-ו-ם".
אנשים כה רבים רצו להישאר בקרבתה של אמה עד
שהצלמים (שהתמקמו בגג סמוך) החליטו לבסוף להוסיף
סימן קריאה אחרי המילה "שלום", מכיוון שאמה והקבוצה
שהתקבצה סביבה יצרו באופן טבעי את סימן הנקודה!
למחרת היום, ה-7 באוקטובר, היה היום של האסיפה הרא־
שית של היוזמה. כשאמה הגיעה לאולם שבבניין האו"ם
ב-9 בבוקר, באווה ג'אין ודנה מריאם קיבלו את פניה.
האולם היה עמוס במנהיגות ובמורות רוחניות המייצגות
דתות שונות.

אחת אחרי השנייה הן דיברו על חירות האישה והבעיות
החברתיות עמן נשים מתמודדת. המוגבלות שנשים נאלצות
לחוות, הצעות לפתרונות ועצות, דוברו ונותחו ברהיטות,
ללא ביקורת או מגמה נסתרת של אגואיזם, שלעיתים
קרובות עולות באירועים מסוג זה.

אישה והאמהות שלה הן לא שני דברים שונים, ההוכחה
לכך שהן אחת, הייתה בתחושת הטוהר ששררה באוויר.
ענוות המארגנים והעמידה בלוחות הזמנים בדיוק, רב היו
במיוחד ראויות לציון.

ב-11 בבוקר, נשות דת ומנהיגות רוח מהפיליפינים,
תאילנד, ישראל, סין, אפגניסטן ורואנדה, דיברו בקצרה

אך בלהט על "נשים ותרומתן לשלום עולמי." לאחר מכן, גברת סוזן דאיהים מאירן, ביטאה בשירה את הכמיהה הכלל עולמית לשלום.

ב-11:20, דנה מריאם הגיעה לבימה.כשהיא מסתכלת על הקהל היא חייכה ואמרה: "ועכשיו הטקס החשוב ביותר של אירוע זה: הצגת הפרס על שם גנדי-קינג לאי אלימות של השנה. אני קוראת בכבוד רב לסרי מאטה אמריטננדמאיי דוי לעלות על הבמה לקבלת הפרס".

הקהל התרומם במחיאות כפיים סוערות כאשר אמה החלה ללכת לבמה בענווה ובפשטות המאפיינים אותה כשידיה מוצמדות לחזה בתפילה, כאות כבוד והכרה לאלוהי שבכל. הנציגות והמנהיגות הרוחניות שישבו באולם הכינוס של האומות המאוחדות נעמדו ומחאו כפיים בקול. הנציב הראשי לזכויות האדם של האומות המאוחדות, מר סרג'יו ויארה דה מלו, בירך את אמה וליווה אותה אל הבמה. באווה ג'אין הציג אותו לאמה. בסגנון הרגיל שלה, אמה חיבקה אותו ונישקה בחיבה את ידו. הנציב השיב בכך שנישק את שתי ידיה של אמה בחיבה. במשך הדקות הבאות פנה באווה ג'אין אל האסיפה והזכיר את הזוכים האחרונים בפרס גנדי-קינג: קופי אנאן בשנת 1999, נלסון מנדלה בשנת 2000, וג'יין גודול בשנת 2001. לאחר מכן הוא הזמין את ד"ר גודול להציג את אמה לכינוס ולהעניק לה את הפרס. ד"ר גודול דיברה מליבה:

אני מרגישה שזהו כבוד גדול לחלוק במה עם אישה כה יוצאת דופן. אישה שהיא התגלמות הטוב. היו לה חיים מדהימים. מההתחלה היא קראה תיגר על המסורת. מכיוון

שנולדה למשפחה ענייה, עם גוון עור כהה יותר משל אחיה
ואחיותיה, אמה לא זכתה ליחס טוב ממשפחתה, התייחסו
אליה כאל משרתת. למרות זאת היא החלה להרגיש נוכ־
חות אלוהית בתוכה. היא חוותה את הנוכחות הזו בעוצמה
כה חזקה שרצתה להושיט יד ולחלוק את מזלה הטוב עם
אלו שלא זכו לכך. ושוב תוך קריאת תיגר על המסורת,
החלה לחבק את אלו הזקוקים לנחמה, בזמן שנשים לא היו
אמורות לגעת בזרים. והיא ניחמה בעזרת החיבוק הנפלא
שלה, שחוויתי בעצמי אתמול, יותר מ־21 מיליון אנשים,
תחשבו על זה - 21 מיליון אנשים! יותר מכך, היא יצרה
רשת רחבה של ארגוני צדקה, הכוללת בתי ספר, בתי
חולים, בתי יתומים ובניית בתים לעניים - רבים מכדי
להזכיר כאן. ולבסוף, שוב קוראת תיגר על המסורת, היא
הייתה המנהיגה הדתית הראשונה להסמיך נשים ככוהנות
בבתי המקדש המסורתיים. היא מאמינה שאלוהים אינו
מפלה בין המינים, ואני מאמינה שהיא עומדת כאן לפנינו,
אהבת האל בגוף אנושי.

כאשר ד"ר גודול הציגה את הפרס גנדי-קינג 2002 לאמה,
היה זרם אדיר של רגש. הנציגים נעמדו במחיאות כפיים
ותשואות. כשמחיאות הכפיים דעכו, הזמין באווה ג'אין את
אמה לדבר על הנושא "כוחה של האמהות". אמה בחרה
בתחילה לומר מספר מילות הכרה על הפרס לאי אלימות
שזה עתה קיבלה. היא פתחה בהזכרת מהטמה גנדי וד"ר
מרטין לותר קינג הבן, באומרה כי שני תומכי שלום אלו
היו מסוגלים להשיג הצלחות אדירות מכיוון שהיה להם
טוהר לב ואת הכוח של תמיכה ציבורית. אמה דיברה

על אלו הנאבקים למען שלום עולמי וחיים טובים לכל, באומרה שאלו האנשים הראויים לפרס ושהיא מקבלת את הפרס בשמם. בנוסף, אמה התפללה למען העובדים עבור שלום עולמי כי יבורכו בכוח ואומץ רב יותר. אמה הזכירה לנוכחים:

מהטמה גנדי והכומר מרטין לוטר קינג חלמו על עולם שבו בני אדם מוכרים ואהובים כבני אדם ללא דעה קדומה מכל סוג שהוא. בהיזכרה בהם, גם אמה מציבה חזון של העתיד בפניכם. זהו חזון של עולם שבו נשים וגברים מתקדמים יחדיו. עולם שבו כל הגברים מכבדים את העובדה שכמו שתי כנפי הציפור, נשים וגברים הנם שווי ערך. מכיוון שבלי איזון מושלם בין השניים האנושות לא תוכל להתקדם.

עם מילים אלה אמה המשיכה לנאום המרכזי:

נשים וגברים הם שווים בעיניה של אמה. אמה רוצה להביע את דעתה הכנה על נושא זה. הבחנות אלה אינן חלות בהכרח על כולם, אך הן חלות על רוב האנשים. על הנשים להתעורר ולקום! נכון לעכשיו רוב הנשים ישנות. ההתעוררות לכוחן הרדום של הנשים הוא אחד הצרכים הדחופים ביותר של העידן.

ב-20 הדקות הבאות, אמיתות יסוד זרמו מאמה: הטבע הפנימי וחיצוני של האישה, העומק, הטווח והמגבלות שהטילה על עצמה התודעה הנשית, הדרכים בהן המציאות והגישה התרבותית עצרו את האישה, העוצמה האינסופית החבויה בנשים... בזמן שאמה התייחסה לכל הנושאים הללו בבהירות ותובנה משכנעים, האסיפה - מהורהרת

וקשובה - האזינה בשקט. באותם רגעים, כוחן המוחלט של
מילותיה של אמה ונוכחות האמהות האוניברסלית שבה,
היו ממשיים לחלוטין.

לקראת סיום הנאום, אמה הבהירה כי "אמהות אוניברס-
לית" הינה איכות שכל בני האדם צריכים לשאוף לפתח
– גברים ונשים כאחד:

"מהות האמהות לא מוגבלת לנשים שילדו, זהו עיקרון
הטבוע בנשים וגברים כאחד. זוהי גישה של התודעה. זוהי
אהבה - ואהבה זו היא עצם נשימת החיים. אף אחד לא
יאמר 'אני אנשום רק כשאני נמצא בחברת בני משפחתי
וחבריי, אני לא אנשום לפני אויביי'. בדומה לכך, עבור אלו
שהתעוררה בהם האמהות, אהבה וחמלה כלפי כולם הינם
חלק בלתי נפרד מהווייתם בדיוק כמו הנשימה. אמה חשה
שהעידן הקרוב צריך להיות מוקדש להתעוררות מחדש של
כוחה המרפא של האמהות. זוהי הדרך היחידה להגשים את
חלומנו לשלום והרמוניה לכל'".

כאשר אמה סיימה את נאומה, האסיפה קמה בספונטניות,
ופתחה במחיאות כפיים סוערות. לאחר סיום המפגש, מספר
מכובד של משתתפים מיהרו לעבר הפלא, שהוא אמה,
על-מנת להתבונן בה, לפגוש אותה ולקבל את הדרשאן
שלה. בו זמנית, במקום אחר באולם נוצרה המולה מטורפת
להשיג עותק של נאומה של אמה.

בין כל אלה הגיע באווה ג'אין, וביקש מאמה להצטלם עם
שאר הנציגות. אנשים החלו לעקוב אחרי אמה לכל מקום
אשר הלכה, כמו דבורים אחרי המלכה. למר ג'אין היה קשה
להגיע אל אמה דרך הקהל הצפוף שמסביבה. לבסוף אמר

19

לאלו שהיו סביב אמה: ''היי, היא גם אימא שלי! תנו לי גם הזדמנות!''. בליווי הכומר ג'ואן קמבל, ד''ר גודול, הנסיכה הקמבודית, באווה ג'אין ודנה מריאם, אמה עזבה את אולם האסיפה ויצאה החוצה. במרפסת מול האולם, יושבת הראש המשותפת של היוזמה לשלום עולמי לנשים מנהיגות רוח ודת, ד''ר סלוהה מחמוד אבדין מפקיסטן, חיכתה לפגוש את אמה. ברגע שראתה את אמה, ד''ר אבדין מלומדת אסלאמית וסוציאליסטית, ניגשה לאמה ובירכה אותה לשלום. אמה חיבקה אותה באהבה גדולה. כשעמדה עם ראשה בחיקה של אמה, ד''ר אבדין אמרה בשקט, ''זוהי ברכה כה גדולה שאת כאן אתנו היום.''

אחר הצילומים, תאגיד השידור הנוצרי ביקש ראיון מאמה.

שאלה: ''אמה מקבלת אנשים בכך שהיא מחבקת אותם. האם חיבוק זה יכול לעזור לאדם להגיע לשלווה פנימית?''

אמה: ''זהו לא סתם חיבוק, אלא חיבוק המעורר את הנתיב הרוחני. המהות שלנו היא אהבה. אנו חיים בשביל אהבה, הלא כן?! איפה שישנה אהבה, אין עימות, רק שלווה''.

שאלה: ''לאמה יש מאמינים בכל רחבי העולם. הם כולם סוגדים לך?''

אמה: ''אמה סוגדת להם. הם כולם האלוהים שלי. לאמה אין אלוהים השוכן מעבר לשמים. האלוהים שלי הוא כולכם, כל דבר שניתן לראות. אמה אוהבת את כולם ואת הכל, והם אוהבים אותי באותה מידה. אהבה זורמת לשני הכיוונים. שם, אין דואליות, רק אחדות - אהבה טהורה.'' בהחלט, זהו הסוד של אישיות אדירה זו המושכת את כל העולם אליה

- זוהי הזרימה הבלתי פוסקת של נהר האהבה - העוצמה שלא ניתנת לתיאור של אמהות אוניברסלית.

סוואמי אמריטאסווארופאננדה,
אמריטאפורי, קרלה

יוזמה לשלום עולמי

של נשים מנהיגות רוח ודת

ארמון האומות, ג'נבה
7 אוקטובר 2002

"פרס זה נוסד לזכר שתי אישיות דגולות - מהטמה גנדי והכומר מרטין לוטר קינג. תפילתה של אמה בהזדמנות זו היא שכל אותם האנשים המתפללים ועובדים למען השלום ברחבי העולם ירוויחו כוח והשראה נוספים, ושיותר ויותר אנשים יעבדו למען שלום עולמי. אמה מקבלת פרס זה בשמם. החיים של אמה ניתנו במתנה לעולם, ולכן אין היא באה בשום דרישות."

אמה

נאום קבלה

ניתן במעמד קבלת פרס גנדי-קינג 2002 לאי אלימות

אמה משתחווה לפניכם, ההתגלמות האמיתית של אהבה עילאית ותודעה טהורה.

פרס זה נוסד לזכר שתי אישיות דגולות - מהטמה גנדי והכומר מרטין לוטר קינג. תפילתה של אמה בהזדמנות זו היא שכל אותם האנשים המתפללים ועובדים למען השלום ברחבי העולם יתמלאו כוח והשראה, ושיותר ויותר אנשים יעבדו למען שלום עולמי. אמה מקבלת את פרס זה בשמם. החיים של אמה ניתנו במתנה לעולם, ולכן אין היא באה בשום דרישות. גם מהטמה גנדי וגם הכומר מרטין לוטר קינג חלמו על עולם שבו בני האדם יזוהו ויהיו אהובים בזכות היותם בני אדם, ללא כל דעה קדומה. בהיזכרה בהם, אמה גם מציבה מולכם חזון של העתיד.

גם לאמה יש חלום. זהו חזון של עולם שבו נשים וגברים מתקדמים יחד, עולם שבו כל הגברים מכבדים את העובדה, שכמו שתי כנפי הציפור, נשים וגברים הינם שווי ערך. מכיוון שללא איזון מושלם בין השניים, האנושות איננה יכולה להתקדם.

ד"ר קינג היה אמיץ כאריה, אך בלבו היה עדין כפרח. הוא סיכן את חייו בשביל אהבה, שוויון, ושאר העקרונות האצילים בהם דגל. היה עליו להיאבק בהתמדה רבה מול בני עמו. מהטמה גנדי לא רק הטיף, הוא פעל על פי מילותיו. הוא הקדיש את כל חייו למען שלום ואי-אלימות. למרות

שהיה יכול להיות ראש הממשלה או נשיא הודו, גנדי סירב, מכיוון שלא היה לו כל רצון לתהילה או כוח. למעשה, כאשר הודו הוכרזה כעצמאית, בשעת חצות, גנדי נמצא מנחם את הקורבנות מאזורים אשר הושפעו מהמהומות.

קל להעיר אדם משינה. צריך רק לנער אותו פעם או פעמיים. אבל אפשר לנער מישהו שמעמיד פני ישן מאה פעם, ולא תהיה לזה כל השפעה. רוב האנשים שייכים לקטגוריה האחרונה. הגיע העת שכולנו נתעורר. אם אנשים לא יכבשו את הנטיות החייתיות השפלות, החזון שלנו לעתיד האנושות לא יתגשם, ושלום יישאר כחלום רחוק.

הבה נאזור את האומץ וההתמדה, הנולדים מתוך תרגול רוחני, על מנת להגשים את החלום הזה. בכדי שחלום

זה יתגשם, על כל אחד מאתנו לגלות ולהוציא לאור את
האיכויות הטמונות בו של אמונה, אהבה, סבלנות, והקרבה־
עצמית למען טובת הכלל. זה מה שאמה מגדירה כאמהות
אמיתית.

נאום מרכזי

התעוררותה של האמהות האוניברסלית

סרי מאטה אמריטננדמאיי דוי

נאומה של אמה ביוזמה לשלום עולמי של נשים מנהיגות רוח ודת,
ארמון האומות, ג'נבה,
7 אוקטובר 2002

אמה משתחווה לפניכם, ההתגלמות האמיתית של אהבה עילאית ותודעה טהורה.

נשים וגברים הינם שווים בעיניה של אמה. אמה רוצה להביע בכנות את השקפותיה על נושא זה. השקפות אלה אינן חלות בהכרח על כולם, אך הן חלות על הרוב הגדול של האנשים.

נכון לעכשיו רוב הנשים ישנות. על הנשים להתעורר ולקום! זהו אחד הצרכים הדחופים ביותר בעידן הזה. לא רק הנשים החיות במדינות מתפתחות צריכות להתעורר - דבר זה חל על נשים בכל העולם. נשים במדינות שבהן החומריות שולטת, צריכות להתעורר לרוחניות[1], ונשים במדינות שבהן הן מוכרחות להישאר בין קירות צרים של מסורת דתית, צריכות להתעורר לחשיבה מודרנית. בעבר רווחה האמונה שנשים והתרבויות שבהן הן חיות יתעוררו דרך חינוך והתפתחות חומרית, אך הזמן לימד אותנו שתפיסה זו הינה מוגבלת מדי. רק כאשר נשים יפנימו את החוכמה הנצחית של הרוחניות בשילוב עם חינוך מודרני, תתעורר העוצמה שבתוכן, והן יקומו לפעולה.

על מי להעיר את האישה? מה מונע את התעוררותה? האמת היא שאין שום כוח חיצוני שיוכל לחסום את האישה, או את התכונות האימהיות הטבועות בה - תכונות כגון אהבה, אמפטיה וסבלנות. זו היא, ורק היא, שצריכה להעיר את עצמה. התודעה של האישה היא המחסום היחיד שמונע מזה לקרות.

אמונות טפלות וחוקים המשפילים נשים, ממשיכים לשרור ברוב המדינות. המנהגים הפרימיטיביים שהומצאו על ידי גברים, בעבר על מנת לנצל ולשעבד נשים, ממשיכים עד

[1] הרוחניות שאמה מתייחסת אליה פה אינה מדברת על לסגוד לאל היושב אי שם מעבר לעננים. רוחניות אמיתית היא להכיר את עצמך ולהיות ער לעוצמה האינסופית שבתוכך. רוחניות וחיים הם לא שני דברים נפרדים, אחד הם. רוחניות אמיתית מלמדת אותנו איך לחיות בעולם. מדע החומר מלמד אותנו איך "לאוורר" את העולם החיצוני, לעומת מדע הרוח שמלמד אותנו איך לאוורר את העולם הפנימי.

היום. נשים והתודעה שלהן הפכו לסבוכים ברשת הקורים
של אותם מנהגים. הן הופנטו על ידי התודעה שלהן. על
נשים לעזור לעצמן על מנת לחלץ את עצמן משדה מגנטי
זה. זוהי הדרך היחידה.

תסתכלו על הפיל - הוא יכול לעקור עצים ענקיים בעזרת
החדק שלו. כאשר פיל חי בשבי, קושרים אותו לעץ עם
חבל חזק או שרשרת בעודו תינוק. מכיוון שזהו טבעם של
פילים לשוטט בחופשיות, הפיל התינוק באופן אינסטינק-
טיבי מנסה בכל כוחו לקרוע את החבל. אך הוא איננו חזק
מספיק לעשות זאת. מתוך הבנה שמאמציו לשווא, הוא
לבסוף מוותר ומפסיק להיאבק. כשהפיל כבר בוגר, אפשר
לקשור אותו לעץ קטן עם חבל דק. בשלב זה, הוא יכול
בקלות לשחרר את עצמו על ידי עקירת העץ או קריעת
החבל, אך מכיוון שהתודעה שלו הותנתה על ידי החוויות
הקודמות שלו, הוא לא עושה אפילו את הניסיון הקל ביותר
להשתחרר.

זה מה שקורה לנשים. החברה לא מאפשרת לעוצמתה של
האישה להתעורר. יצרנו חסימה המונעת מכוחה האדיר
לזרום החוצה. הפוטנציאל האינסופי הטבוע בנשים וגברים
הנו זהה. אם נשים ירצו באמת, לא יהיה זה קשה לפרוץ
את הכבלים - החוקים וההתניות שהחברה כפתה עליהן.
העוצמה הגדולה ביותר של נשים שוכנת באמהות הטבועה
בהן, בכוח יצירת החיים שלהן. כוח זה יכול לעזור לנשים
להביא לשינוי הרבה יותר משמעותי בחברה מהשינוי
שגברים יכולים להביא.

31

תפיסות מיושנות ומזיקות שהונחלו בעבר, חוסמות נשים מלהגיע לגבהים רוחניים. אלו הם הצללים שעדיין רודפים נשים, מעוררים פחד וחוסר אמון בפנים. על הנשים לשחרר את פחדיהן וחוסר אמונתן - אלו רק אשליות. המגבלות שנשים חושבות שיש להן אינן אמיתיות. על נשים לאזור אומץ על מנת להתעלות על אותן מגבלות מדומות. כבר יש בהן את היכולת, היא ממש כאן! וכשכוח זה יתעורר, אף אחד לא יוכל לעצור את הצעידה קדימה של נשים, בכל תחומי החיים.

גברים בדרך כלל מאמינים בכוח השריר. ברמה השטחית הם רואים נשים כאמהותיהם, רעיותיהם ואחיותיהם. אך אין צורך להסתיר את העובדה שברמה עמוקה יותר, לגברים עדיין יש התנגדות רבה כשמדובר בלהבין כראוי, לקבל ולהכיר בנשים ובהיבט הנשי של החיים. אמה נזכרת בסיפור: בכפר גרה אישה בעלת רוחניות עמוקה, שמצאה אושר עצום בלשרת אחרים. מנהיגי הדת של הכפר בחרו בה כאחת הכוהנות שלהם. היא הייתה הכוהנת האישה הראשונה שמונתה באזור, והכוהנים הגברים לא אהבו זאת כלל וכלל. החמלה הגדולה, הענווה והחוכמה שלה, הוערכו על ידי הכפריים. דבר זה גרם לקנאה רבה בקרב הכוהנים הגברים.

יום אחד כל הכוהנים הוזמנו לאסיפה דתית באי אחד הנמצא במרחק של שלוש שעות שיט בסירה. כאשר הכוהנים עלו על הסירה הם גילו, לתדהמתם, שהכוהנת כבר ישבה בפנים. הם מלמלו בינם לבין עצמי: "איזה נודניקית! היא פשוט לא מוכנה לעזוב אותנו בשקט!" הסירה יצאה לדרך, אך

שעה מאוחר יותר המנוע לפתע מת והסירה עמדה במקומה. הקפטן צעק ״או לא! נתקענו! שכחתי למלא את המיכל!״ אף אחד לא ידע מה לעשות. לא נראתה סירה נוספת באופק. בנקודה זו הכוהנת קמה ואמרה: ״אל תדאגו, אחיי! אני אלך ואביא עוד דלק.״ לאחר שאמרה זאת, יצאה מהסירה והמשיכה להתקדם בהליכה על המים. הכוהנים התבוננו בתדהמה, אך במהרה העירו: ״תראו אותה! היא אפילו לא יודעת לשחות!״ זוהי גישתם של גברים בדרך כלל. מטבעם, הם מפחיתים ומגנים את הישגי הנשים. נשים אינן קישוטים או חפצים שנועדו להישלט ע״י גברים. גברים מתייחסים לנשים כמו צמחים בעציץ. הם גורמים לכך שזה יהיה בלתי אפשרי בשבילן לגדול לפוטנציאל המלא שלהן.

נשים לא נוצרו להנאתם של הגברים. הן לא נוצרו כדי לארח מסיבות תה. גברים משתמשים בנשים כמו במכשיר הקלטה - בו הם אוהבים לשלוט בהתאם לגחמות ולרצונות שלהם, כאילו שהיו לוחצים על כפתורי הפעל והפסק. גברים מחשיבים את עצמם עליונים לנשים, גם פיזית וגם אינטלקטואלית. היוהרה בגישה השגויה של גברים - כי נשים אינן יכולות לשרוד בחברה מבלי להיות תלויות בגברים - ברורה לעין בכל מה שגברים עושים.

אם אופייה של האישה נחשב בעל דופי, גם אם היא קורבן תמים, היא תידחה על ידי החברה ולעיתים גם על ידי משפחתה. לעומת זאת, גבר יכול להיות לא מוסרי כאוות נפשו ולהתחמק מזה. רק לעיתים רחוקות הוא יישאל לגבי זה. גם במדינות המפותחות חומרית, נשים נדחקות לאחור כשמדובר בלחלוק כוח פוליטי יחד עם גברים. מעניין

לראות, שביחס למדינות מפותחות, מדינות מתפתחות מתקדמות בהרבה במתן הזדמנויות לנשים להתקדם בפוליטיקה. למרות זאת, חוץ מבודדות שאפשר לספור על כף היד, כמה נשים נראות בזירת הפוליטיקה העולמית? האם זה כך מכיוון שנשים חסרות יכולת, או בגלל יהירותם של גברים? נסיבות נכונות ותמיכה של אחרים וודאי יעזרו לנשים להתעורר ולצמוח, אך זה בלבד אינו מספיק. עליהן לשאוב השראה מנסיבות אלה ולמצוא את הכוח בתוכן. עוצמה וכוח אמיתיים אינם באים מבחוץ, יש למצוא אותם בפנים. על נשים למצוא את האומץ שלהן. אומץ הנו תכונה של התודעה, זוהי אינה תכונה של הגוף. לנשים יש את היכולת להילחם נגד כללים חברתיים שמונעים מהן להתקדם. זהו הניסיון האישי של אמה. למרות שהתרחשו שינוים רבים, הודו היא מדינה שבה העליונות הגברית עדיין שולטת. אפילו כיום, נשים מנוצלות בשמן של מוסכמות דת ומסורת. גם בהודו, נשים מתעוררות לפעולה. עד לאחרונה, אסור היה לנשים לסגוד בחדר הפנימי הקדוש של המקדש. נשים גם לא יכלו לחנוך את המקדש או לבצע טקסים ודיים (Vedic) לנשים אפילו לא היה את החופש לדקלם מנטרות ודיות (Vedic).אך אמה מעודדת וממנה נשים לעשות דברים אלה, וזוהי אמה שמבצעת את טקס החניכה בכל המקדשים שנבנו על ידי האשראם. רבים מחו נגד ביצועי טקסים אלה על ידי נשים, מכיוון שבמשך דורות כל הטקסים והפולחנים הללו נעשו רק על ידי גברים. לכל אלו שהטילו ספק במה שאנחנו עושות, אמה הסבירה שאנו סוגדים לאל שמעבר לכל ההבדלים, שאינו מפלה בין גבר

לאישה. כפי שהתברר, רוב האנשים תמכו במהלך מהפכני זה. איסורים אלה נגד נשים אף פעם לא היו באמת חלק מהמסורת ההודית. סביר להניח שהם הומצאו מאוחר יותר על ידי גברים שהשתייכו למעמדות הגבוהים יותר של החברה, על מנת לנצל ולדכא נשים. הם לא היו קיימים בהודו העתיקה.

בהודו העתיקה, מילות הסנסקריט שהבעל השתמש בהם כשפנה לאשתו היו פאטני Pathni - האחת שמובילה את הבעל דרך החיים; דהארמפטני Dharmapathni - האחת שמכוונת את בעלה בדרך של דהארמה (צדק ואחריות) וסהאדהארמצ'אריני Sahadharmacharini - האחת שנעה יחד עם בעלה בדרך הדהארמה. מונחים אלו מרמזים שנשים נהנו מאותו מעמד כמו הגברים, או אפילו מעמד גבוה יותר. חיי נישואין נחשבו מקודשים, מכיוון שאם חיו אותם עם הגישה הנכונה וההבנה הנכונה, כשהבעל והאישה תומכים אחד בשני, הם היו מובילים אותם לידע מוחלט של החיים – הכרת המוחלט או הכרת האלוהים. בהודו, הסגידה אל הישות העליונה לעולם לא נעשתה רק אל הצורה הגב־רית. הסגידה אל הישות העליונה נעשית גם כלפי האלה בהיבטיה השונים. סוגדים לה, למשל, כ"סאראסווטי", אלת החוכמה והלמידה. סוגדים לה כ"לקשמי" -אלת השגשוג, וכ"סאנטאנה לקשמי" - האלה שמעניקה חיים חדשים בתוך האישה. סוגדים לה גם בתור "דורגה" - אלת החוזק והעוצמה. היה זמן שבו גברים כיבדו נשים כהתגלמות של איכויות אלו. היא נחשבה כשלוחה של האלה, כהתגשמות של איכויותיה על פני האדמה. ואז, בנקודה כלשהי, בגלל

אנוכיותם של גברים מסוימים בעלי השפעה ותשוקתם לכוח ושליטה על הכל, אמת עמוקה זו עוותה ונגדעה מתרבותנו, וכך האנשים שכחו והתעלמו מהקשר העמוק שבין האישה והאם האלוהית.

נהוג להאמין כי הדת המעניקה את המעמד הנחות ביותר לנשים הינה האסלם, אך הקוראן מדבר על איכויות כמו חמלה וחוכמה, ועל טבעו המהותי של אלוהים כנשי.

בנצרות, הסגידה לישות העליונה נעשית אך ורק כלפי האב שבשמים, הבן ורוח הקודש. ההיבט הנשי של אלוהים לא מוכר כל כך. ישו החשיב גברים ונשים כשווים.

על מנת שישו, קרישנה ובודהא ייוולדו, היה צורך באישה. על מנת להתגלם, אלוהים היה צריך אישה שתעבור את כל הכאב והקשיים של ההיריון והלידה. גבר לא היה מסוגל לזה. עדיין, אף אחד לא מתייחס לחוסר הצדק שנעשה לנשים הנשלטות על ידי גברים. שום דת אמיתית לא תבוז לנשים או תדבר עליהן באופן מזלזל.

עבור אלו שהגיעו לידיעת האלוהות אין הבדל בין זכר ונקבה. למי שמואר ישנה ראייה שווה. אם בכל העולם קיימים חוקים שמונעים מנשים ליהנות מהחופש המגיע להן בצדק, חוקים שמונעים את התקדמותן בחברה, אז אלו אינן מצוותיו של אלוהים, אלא חוקים שנולדו מאנוכיותם של גברים.

איזו עין חשובה יותר - השמאלית או הימנית? שתיהן חשובות באותה מידה. הדבר זהה עם מעמדם של גברים ונשים בחברה. על שניהם להיות ערים לאחריות הייחודית להם, או לדהארמה של כל אחד. על גברים ונשים לתמוך

אחד בשנייה. רק בצורה זו נוכל לשמר את ההרמוניה בעולם. כאשר גברים ונשים הופכים לכוחות שמשלימים אחד את השני, ונעים יחד בשיתוף פעולה וכבוד הדדי, הם ישיגו שלמות. במציאות, גברים הם חלק מנשים. בראשית הילד שוכן ברחמה של אמו, כחלק ממשי מישותה. בכל מה שקשור ללידה, על הגבר רק לתרום את זרעו. בשבילו זהו רק רגע של הנאה. בשביל האישה אלו תשעה חודשים של סיגופים. זוהי האישה שמקבלת, מתעברת והופכת את החיים הללו לחלק ממהותה. היא יוצרת את האווירה המתאימה ביותר על מנת שחיים אלו יוכלו לצמוח בתוכה ואז מולידה חיים אלו. נשים הן במהותן אמהות, יוצרות החיים. ישנה כמיהה נסתרת בכל הגברים להיות עטופים שוב באהבה חסרת התנאים של האמא. זוהי אחת הסיבות המעודנות למשיכה שגברים חשים כלפי נשים – בגלל שגבר נולד מתוך אישה.

אף אחד אינו יכול להטיל ספק בקיום האמהות – גברים נוצרים מנשים. יחד עם זאת, אלו שמסרבים לצאת מהגולם של תודעתם הצרה, לעולם לא יוכלו להבין זאת. אי אפשר להסביר אור לאלו המכירים רק חושך. עיקרון האמהות הוא נרחב ועוצמתי כמו היקום. כשכוח האמהות בתוכה, אישה יכולה להשפיע על העולם כולו. האם אלוהים הוא גבר או אישה? התשובה לשאלה זו היא שאלוהים אינו גבר ואינו אישה - אלוהים הוא ״זה״. אך אם אתה מתעקש על כך שלאלוהים יהיה מין, אזי שאלוהים הוא יותר אישה מגבר מכיוון שהנקבי מכיל את הזכרי.

כל אחד - אישה או גבר - בעל האומץ להתגבר על מגבלות
התודעה, יכול להגיע למצב של האמהות האוניברסלית.
האהבה של אמהות המתעוררת היא אהבה וחמלה המורגשת
לא רק כלפי ילדיו של האדם, אלא כלפי כל בני האדם,
בעלי חיים וצמחים, אבנים ונהרות - אהבה הנפרסת על גבי
הטבע כולו, על גבי כל הברואים. אכן, לאישה שהתעוררה
למצב של אמהות אמיתית, כל היצורים הם ילדיה. אהבה
זו, אמהות זו, היא אהבה שמימית, וזה - אלוהים.

יותר מחצי מאוכלוסיית העולם הן נשים. זהו אובדן עצום
כאשר נמנע מנשים החופש לצעוד קדימה, וכאשר נמנע
מהן המעמד הגבוה שראוי שיהיה להן בחברה. כאשר דבר
זה נמנע מנשים, החברה מאבדת את התרומה הפוטנציאלית
שלהן.

כשנשים נחלשות, גם ילדיהן נחלשים. בצורה כזאת מאבד
דור שלם את הכוח והחיות שלו. רק כאשר יוענק לנשים
הכבוד שמגיע להן, נוכל ליצור עולם של אור ומודעות.
נשים יכולות לבצע את כל המשימות בדיוק כמו גברים,
אולי אפילו טוב יותר. לנשים יש את כוח הרצון ואנרגיית
היצירה לעשות כל סוג של עבודה. אמה אומרת זאת
בהתבסס על ניסיונה האישי. לא משנה מהי צורת הפעולה,
נשים יכולות להגיע לגבהים מופלאים, ודבר זה נכון בעיקר
בדרך הרוחנית. לנשים יש את טוהר התודעה והיכולת
האינטלקטואלית להשיג זאת. אך לא משנה מה הן לוקחות
על עצמן, על ההתחלה להיות חיובית. אם ההתחלה טובה,
האמצע והסוף בצורה אוטומטית יהיו טובים, בתנאי שיש
לאדם סבלנות, אמונה ואהבה. התחלה שגויה המבוססת

על יסודות פגומים היא אחת הסיבות לכך שנשים מאבדות
כל כך הרבה בחייהם. זה לא רק שנשים צריכות להיות
בעלות אותו מעמד כמו הגברים בחברה. הבעיה היא שנשים
מקבלות התחלה רעה בחיים, בגלל הבנה שגויה וחוסר
במודעות הראויה. כך, שנשים מנסות להגיע לסיום ללא
היתרון של התחלה נאותה. אם אנו רוצים ללמוד לקרוא את
האלפבית הרומי, עלינו להתחיל עם ABC, לא עם XYZ.
ומהו ה-ABC של נשים? מהי עצם ההוויה של האישה
ומהו קיומה? אלו הם האיכויות המולדות שלה, העקרונות
היסודיים של אמהות. לא משנה איזה תחום עבודה האישה
בוחרת, אסור לה לשכוח את הסגולות האלו שאלוהים או
הטבע העניקו לה בחסד. כל פעולותיה של האישה צריכות
להיות מושרשות עמוק בבסיס של איכויות אלו. בדיוק כמו
ש-ABC הוא התחלת האלפבית, איכות האמהות היא היסוד
של אישה. אסור לה להותיר מאחור את החלק המכריע הזה
שבה לפני שהיא עוברת לשלבים אחרים. בנשים ישנן עוצ־
מות רבות שבדרך כלל לא ניתן למצוא בגברים. לאישה יש
את היכולת לפצל את עצמה להרבה חלקים. בניגוד לגברים,
נשים הן בעלות היכולת לעשות הרבה דברים בבת אחת. גם
כאשר עליה לפצל את עצמה ולעשות הרבה דברים שונים
בו זמנית. אישה ניחנה ביכולת לבצע את כל הפעולות עם
יופי רב ושלמות. גם בתפקידה כאם, אישה מסוגלת להביא
היבטים שונים ורבים מישותה - עליה להיות חמה ועדינה,
חזקה, מגוננת ומטילה משמעת קפדנית. נדיר לראות נקודת
מפגש כזו של איכויות אצל גברים. כך שלמעשה, לנשים

יש אחריות גדולה יותר מאשר לגברים. נשים מחזיקות במושכות היושר והאחדות במשפחה ובחברה.

התודעה של גבר הופכת בקלות להיות מזוהה עם מחשבו־תיו ופעולותיו. אפשר להשוות את האנרגיה הגברית למים עומדים, הם לא זורמים. התודעה והאינטלקט של גבר בדרך כלל נתקעים בעבודה שהוא עושה. קשה לגברים לנתב את ריכוזם מדבר אחד לשני.

עקב כך, החיים המקצועיים והחיים המשפחתיים של גברים רבים מתערבבים זה בזה. רוב הגברים אינם מסוגלים להפריד בין השניים. לנשים לעומת זאת, יש את היכולת המולדת לעשות זאת. זו נטייה המושרשת עמוק אצל גבר להביא את האישיות המקצועית שלו הביתה ולהתנהג בהתאם במערכות יחסים שלו עם רעייתו וילדיו. רוב הנשים יודעות איך לשמור על הפרדה בין חיי המשפחה וחייהן המקצועיים. אנרגיה נשית, או אנרגיה של אישה, זורמת כמו נהר. דבר זה מקל על אישה להיות אמא, רעייה, וחברה טובה, המספקת ביטחון לבעלה. היא ניחנה במתנה המיוחדת של להיות המדריכה והיועצת של כל המשפחה. נשים שיוצאות לעובד יותר ממסוגלות להצליח גם במקום עבודתן. העוצמה של האמהות הטבועה באישה מלידה, עוזרת לה למצוא תחושה עמוקה של שלווה והרמוניה בתוך עצמה. זה מאפשר לה להרהר ולהגיב בו זמנית, לעומת הנטייה של גבר להרהר פחות ולפעול יותר. אישה יכולה להקשיב לצערם של אחרים ולהגיב בחמלה, ובכל זאת, כאשר עומד בפניה אתגר, היא יכולה להתעלות מעל המצב ולהגיב בעוצמה כמו כל גבר.

בעולמנו כיום, כל דבר הופך למזוהם ולא טבעי. בסביבה שכזו על האישה לתת תשומת לב מיוחדת לכך שהאיכויות האמהות שלה - הטבע המהותי שלה כאישה - לא ייהפך לטמא ומעוות.

ישנו גבר בעומקים הפנימיים של כל אישה ואישה בעומקים הפנימיים של כל גבר. אמת זאת התגלתה במדיטציה של קדושים וחכמים גדולים לפני עידנים רבים. זה מה שמסמל הרעיון של 'ארדהאנארישוורה' (Ardhanariswara) חצי אל וחצי אלה) באמונה ההינדית. לא חשוב אם את אישה או גבר, האנושיות האמיתית שלך תבוא לידי ביטוי רק כאשר האיכויות הזכריות והנקביות בתוכך יהיו מאוזנות. גם גברים סבלו רבות כתוצאה מגלותן של העקרונות הנשיים מהעולם. בגלל דיכוין של נשים והדחקת ההיבט הנשי שבגברים, חייהם של הגברים הפכו שבורים, ולעיתים קרובות גם כואבים. גם על הגברים להתעורר לאיכויות הנשיות שבהם. עליהם לפתח אמפטיה והבנה בגישה שלהם כלפי נשים ובדרך שבה הם מתייחסים לעולם. הסטטיסטיקה מראה שגברים, לא נשים, מבצעים את הרוב המכריע של הפשעים והרציחות בעולם. ישנו גם קשר עמוק בין הדרך שבה גברים הורסים את אמא אדמה לבין גישתם כלפי נשים. עלינו לתת בליבנו את אותה חשיבות לטבע כמו שאנו נותנים לאמהות הביולוגיות שלנו. רק אהבה, חמלה וסבלנות - איכויות היסוד של נשים - יכולות להפחית את נטיות התוקפנות ופעלתנות היתר שבמהותו של הגבר. בדומה לכך, ישנן נשים הזקוקות לאיכויות של הגברים, על מנת שהטבע הטוב והעדין שלהן לא ישתק אותן.

נשים הן העוצמה ועצם היסוד של קיומנו בעולם. כאשר
נשים מאבדות את הקשר עם העצמי האמיתי שלהן, ההר-
מוניה של העולם מפסיקה להתקיים, וההרס מתגבר. לכן
זה דבר מכריע שנשים בכל מקום יעשו את כל המאמצים
לגלות מחדש את טבען הבסיסי, כי רק כך נוכל להציל
את העולם. זה מה שהעולם של היום באמת זקוק לו הוא
שיתוף פעולה בין גברים ונשים, המבוסס על חוש איתן של
אחדות במשפחה ובחברה. מלחמות ועימותים, כל הסבל
וחוסר השלום בעולמנו כיום, בהחלט יפחתו במידה רבה אם
נשים וגברים יתחילו לשתף פעולה ולתמוך אחד בשני. אם
לא תוחזר ההרמוניה בין הזכרי והנקבי, בין גברים ונשים,
השלום יישאר בגדר חלום רחוק. ישנם שני סוגים של
שפות בעולם: שפת האינטלקט ושפת הלב. שפת ההיגיון
היבשה והרציונלית שאוהבת להתווכח ולתקוף. הטבע שלה
הוא אגרסיבי. היא זכרית לחלוטין, ללא אהבה או תחושת
השתייכות. היא אומרת: "לא רק שאני צודק ואתה טועה,
אלא שאני גם חייב להוכיח את זה בכל מחיר כדי שאתה
תיכנע לי". אנשים הדוברים שפה זו באופן אופייני מנסים
לשלוט באחרים ולהפוך אותם לבובות על חוט שרוקדות
לפי המנגינה שלהם. הם מנסים לכפות את רעיונותיהם על
אחרים. הלב שלהם סגור. לעיתים רחוקות הם מתחשבים
ברגשות של אחרים. הם מתייחסים רק לאגו שלהם ולרעיון
נבוב של ניצחון. שפת הלב, שפת האהבה, אשר מיוחסת
לעקרון הנקבי, היא שונה לגמרי. אלה המדברים שפה זו לא
מייחסים חשיבות לאגו שלהם. אין להם עניין להוכיח שהם
צודקים או שמישהו אחר טועה. הם מתעניינים עמוקות

באנשים סביבם ורוצים לעזור, לתמוך ולרומם אחרים. בנו־כחותם שינוי פשוט קורה. הם נותנים תקווה מוחשית ואור בעולם הזה. מי שפונה אליהם חווה לידה מחדש. כשאנשים אלו מדברים זה לא על מנת להרצות, להרשים או להתווכח – זוהי תקשורת אמיתית בין לבבות. לאהבה אמיתית אין שום קשר לתאווה או אנוכיות. באהבה אמיתית אתה לא חשוב, האחר הוא החשוב. באהבה, האחר אינו הכלי על מנת לממש את תשוקותיך האנוכיות, אתה הוא הכלי של האלוהי עם הכוונה לעשות טוב בעולם. אהבה אינה מקריבה אחרים, אהבה נותנת מעצמה בשמחה. אהבה היא חסרת אנוכיות- אך לא חוסר האנוכיות הנכפת על נשים הנדחפות לשוליים, כשמתייחסים אליהן כעצמים. באהבה אמיתית לא תרגיש חסר ערך, להיפך, אתה מתרחב והופך להיות אחד עם הכול – רחב היקף, באושר תמידי. לרוע המזל, בעולם של היום זוהי שפת האינטלקט ששוררת ולא שפת הלב. אנוכיות ותאוות עיניים, לא אהבה, שולטות בעולם. אנשים צרי-מוחין משפיעים על אלו בעלי תודעה חלשה ומשתמשים בהם להגשמת מטרותיהם האנוכיות. התורה העתיקה של החכמים עוותה על מנת להתאים למסגרת של התשוקות האנוכיות של בני האדם. עקרון האהבה עוות. זו הסיבה שהעולם מלא בעימותים, אלימות ומלחמה. האישה היא היוצרת של המין האנושי. היא הגורו הראשון, המד־ריכה והמורה הרוחנית הראשונה של האנושות. חישבו על הכוחות העצומים, חיובים או שליליים , שאדם אחד יכול לשחרר על פני העולם. לכל אחד מאתנו ישנה השפעה מרחיקת לכת על האחרים, אם אנחנו מודעים לכך ואם לא.

אין להמעיט בערך האחריות שיש לאמא כשמדובר בהשפעה ובהשראה על ילדיה. יש הרבה אמת באמרה שיש אישה חזקה מאחורי כל גבר מצליח. היכן שרואים אנשים שמחים ושלווים, היכן שרואים ילדים מוכשרים בעלי תכונות אצילות, היכן שרואים גברים שיש להם כוח עצום לעמוד בפני כישלון ומצבים מאתגרים, היכן שרואים אנשים שיש בהם מידה רבה של הבנה, סימפטיה אהבה וחמלה כלפי אלה הסובלים, והנותנים מעצמם לאחרים – שם בדרך כלל תמצאו אמא נהדרת שנתנה להם השראה להפוך למה שהם. אמהות הן אלה המסוגלות יותר מכולם לשתול זרעים של אהבה, קירבה אוניברסלית וסבלנות בתודעתם של בני האנוש. יש קשר מיוחד בין אם לבנה. האיכויות הפנימיות של האם מועברות לילד אפילו דרך חלב האם. האם מבינה את ליבו של הילד, היא ממלאת את הילד באהבה, מלמדת אותו או אותה את השיעורים החיוביים שבחיים, ומתקנת את הטעויות שלו. אם אתה הולך בתוך שדה עשב רק מספר פעמים, אתה בקלות תיצור שביל. המחשבות הטובות והערכים החיוביים שאנו מטפחים בילדינו, יישארו איתם לנצח. קל לעצב את אופיו של ילד כאשר הוא או היא צעי־רים מאוד, והרבה יותר קשה לעשות זאת כאשר הילד גדל. פעם, כאשר אמה נתנה דרשאן בהודו, צעיר ניגש אליה. הוא חי בחלק מהארץ שנהרסה מטרור. בגלל מקרי ההרג והשוד התכופים, האנשים באזור ההוא סבלו מאוד. הוא אמר לאמה שהוא המנהיג של קבוצת צעירים המבצעים עבודה חברתית רבה באותו אזור. הוא התפלל לאמה: "בבקשה תעניקי לאותם טרוריסטים, שכה מלאים בשנאה

ואלימות, את ההבנה הנכונה, אנא תמלאי את ליבם של כל אלו שעברו כל כך הרבה זוועות וסבל, ברוח הסליחה. אחרת, המצב רק יתדרדר ולא יהיה סוף לאלימות". אמה שמחה לשמוע את התפילה לשלום וסליחה. כאשר אמה שאלה אותו מה גרם לו לבחור בחיי עבודה חברתית הוא אמר: "אמי הייתה ההשראה מאחורי זה. ימי הילדות שלי היו חשוכים ומבעיתים. כשהייתי בן שש, ראיתי במו עיני איך אבי שוחר-השלום נרצח באכזריות על ידי טרוריס-טים. חיי התפרקו לרסיסים. התמלאתי בשנאה, וכל מה שרציתי היה נקמה. אך אמי שינתה את גישתי בכל פעם שהייתי אומר לה שיום אחד אנקום את מות אבי היא הייתה אומרת, 'בני, האם אביך יחזור לחיים אם תהרוג את אותם אנשים? תראה את סבתך, כמה שהיא עצובה תמיד. תראה אותי, כמה קשה לנו להתקיים בכבוד בלי אביך. והתבונן בעצמך, כמה אתה עצוב, כשאביך איננו אתך. האם תרצה שעוד אמהות וילדים יסבלו כמונו? עוצמת הכאב תהיה דומה עבורם. תנסה לסלוח לרוצחי אביך על מעשיהם הנוראיים, ותפיץ את המסר של אהבה קירבה אוניברסלית במקום זה'.כשהתבגרתי, אנשים ניסו לגרום לי להצטרף ליחידות טרוריסטים שונות כדי לנקום את מות אבי. אך זרע הסליחה שאמא שלי זרעה נשא פרי, ואני סירבתי. נתתי לכמה מהצעירים עצה דומה לזו שאמי נתנה לי. זה שינה את ליבם של אנשים רבים שמאז הצטרפו אליי בלשרת אחרים". האהבה והחמלה, במקום השנאה, שילד זה בחר להפיץ לעולם, צמחו ממעיין האהבה הבלתי נדלה שבאמו.

45

כך, דרך ההשפעה שיש לאם על ילדה, האם משפיעה על עתיד העולם. אישה שהאמהות הפנימית התעוררה בה מביאה גן עדן לעולם בכל מקום בו תהיה. רק נשים יכולות ליצור עולם שליו ושמח. כך נהיה שהאדם שמנענע את העריסה של הפעוט הוא זה שאוחז במנורה המפיצה אור ברחבי העולם.

אסור לגברים לעכב את התקדמותה של אישה לכיוון מקומה הנכון בחברה. עליהם להבין שהתרומה המלאה של נשים לעולם חיונית מאוד. על גברים לזוז מדרכה. יתר על כן, עליהם להכין את הדרך, על מנת שהתקדמותה תהיה חלקה יותר.

אישה, מצידה, צריכה לחשוב על מה היא יכולה לתת לחברה, ולא מה שהיא יכולה לקחת. גישה זו בהחלט תעזור לה להתקדם. יש להדגיש שאישה לא צריכה לקבל או לקחת שום דבר מאף אחד. עליה פשוט להתעורר. אז היא תוכל לתרום את כל מה שברצונה לתת לחברה, והיא תשיג כל דבר לו היא זקוקה. במקום להעלות חלודה, כאשר הן חוות את חייהן בין ארבעת קירות המטבח, על נשים לצאת ולשתף אחרים במה שיש להן לתת, ולהגשים את מטרותיהן בחיים. כיום, כאשר תחרותיות וכעס הם הנורמה השכיחה, אלו הן האיכויות הנשיות, הסבלנות וסובלנות, שיוצרות את מעט ההרמוניה שיש בעולם. בדיוק כמו שמעגל חשמלי שלם תלוי בהימצאותם של קוטב חיובי ושלילי, כך גם הזרימה המלאה של החיים תלויה בנוכחותם ותרומתם של נשים ושל גברים כאחד. רק כאשר נשים וגברים משלימים ותומכים אחד בשנייה תתרחש פריחתם הפנימית.

באופן כללי, הנשים של היום חיות בעולם שעוצב על ידי ובשביל גברים. לנשים אין צורך בעולם שכזה. עליהן לבסס את זהותן, ובכך ליצור מחדש את החברה. אך עליהן לזכור את המשמעות האמיתית של חופש. זהו לא היתר לחיות ולהתנהג בכל דרך שהאדם ירצה, בלי קשר לתוצאות שיש לכך על אחרים. זה לא אומר שעל רעיות ואמהות לברוח מהאחריות המשפחתית שלהן. החופש ועלייתן של הנשים צריכים להתחיל בתוך עצמן. בנוסף, על מנת ששאקטי, או עוצמה טהורה, תתעורר ותעלה באישה, עליה קודם להיות ערה לחולשותיה. רק אז תוכל להתגבר על חולשות אלו באמצעות כוח הרצון שלה, שירות ללא תמורה ותרגול רוחני.

אסור לנשים לאבד את טבען המהותי כאשר הן נכנסות לתהליך של חתירה לזכייה מחדש במקומן החוקי בחברה. אפשר לראות את הנטייה הזו במדינות רבות, והיא לעולם לא תעזור לנשים להשיג חופש אמיתי. אי אפשר להגיע לחופש אמיתי על ידי חיקוי הגברים. אם הנשים עצמן יפנו את גבן לעקרון הנשי, הדבר ייגמר בכישלון מוחלט של הנשים והחברה. הבעיות של העולם לא ייפתרו, אלא רק יחמירו. אם נשים דוחות את האיכויות הנשיות שלהן ומנסות להיות כמו גברים, על ידי טיפוח האיכויות הגבריות בלבד, חוסר האיזון בעולם רק יגדל. זהו לא הצורך של העידן הזה. הצורך האמיתי הוא לכך שנשים יתרמו את כל מה שהן יכולות לחברה בכך שיפתחו אמהות אוניברסלית, בנוסף לתכונות הגבריות שלהן. כל עוד נשים לא עושות את המאמץ להתעורר, הן במידה מסוימת אחראיות בעצמן

ליצירת עולמן הצר. ככל שאישה מזדהה עם האמהות הפנימית שלה, כך היא מתעוררת יותר לשאקטי, או לעוצמה טהורה. כשנשים יפתחו כוח זה בתוכן, העולם יתחיל להקשיב לקול שלהן יותר ויותר. יחידים וארגונים רבים ראויים לשבח, כמו האו"ם, תומכים בהתקדמות הנשים. כינוס זה הוא הזדמנות עבורנו לבנות על היסודות הללו. אמה הייתה רוצה להציע מספר הצעות:

1. על מנהיגי דת לעשות את כל המאמצים להדריך את מאמיניהם חזרה למהות האמיתית של רוחניות, ולאור זאת לגנות כל סוג של דיכוי ואלימות נגד נשים.

2. על האו"ם לספק מקום מפלט מוגן עבור נשים וילדים באזורי מלחמה ואזורי סכסוך ששם במיוחד שמים אותם למטרה.

3. על כל הדתות והאומות לגנות מנהגים מבי-שים כמו הריגת עוברים נקביים ופעוטות ממין נקבה והשחתת איברי המין הנקביים.

4. יש להפסיק העסקת ילדים.

5. יש לבטל את מערכת הנדוניה.

6. על האו"ם ועל מנהיגים בכל אומה לחזק את מאמציהם על מנת להפסיק סחר לא חוקי של ילדים ואת הניצול המיני של ילדות צעירות. ההשלכות החוקיות של התנהגות שכזו צריכות להיות גורם מרתיע.

7. מספר מקרי האונס שמתרחשים בכל העולם הוא עצום, והעובדה שבמדינות מסוימות

הקורבנות של האונס הן אלה שנענשות היא בלתי נתפסת. האם אנו יכולים פשוט לעמוד בצד ולהסתכל? במטרה לשים סוף לאונס וסוגים אחרים של אלימות נגד נשים, יש צורך במאמץ בינלאומי מתוכנן לחינוך גברים צעירים.

8. כבוד הנשים מותקף על ידי פרסומות שמתייחסות אליהן כאובייקטים מיניים. אסור לנו לסבול ניצול זה.

9. על מנהיגי דת לעודד את מאמיניהם לתת שירות ללא תרומה כחלק בלתי נפרד מחייהן.

מהות האמהות לא מוגבלת לנשים שילדו, זהו עיקרון הטבוע בנשים ובגברים כאחד. זהו גישה של התודעה. זוהי אהבה - ואהבה זו היא עצם נשימת החיים. אף אחד לא יכול להגיד: "אני אנשום אך ורק כשאני בחברת משפחתי וחבריי, אני לא אנשום לפני האויבים שלי". באותו אופן, עבור אלו שהתעוררה בהם האמהות, אהבה וחמלה כלפי כולם הינם חלק בלתי נפרד מהווייתם בדיוק כמו הנשימה. אמה חשה שעל העידן הקרוב להיות מוקדש להתעוררות מחדש של כוחה המרפא של האמהות. זוהי הדרך היחידה להגשים את חלומנו לשלום והרמוניה לכל. וזה אפשרי! זה תלוי אך ורק בנו. הבא נזכור זאת ונמשיך לנוע קדימה.

אמה רוצה להביע את הערכתה הכנה למארגני הפסגה הזו. אמה מוקירה את מאמציכם להביא שלום לעולם. מי ייתן וזרע השלום שאנו זורעים היום כאן יישא פרי לכל.

אום נאמהא שיוויה.